# This Book Belongs To:

_____

_____

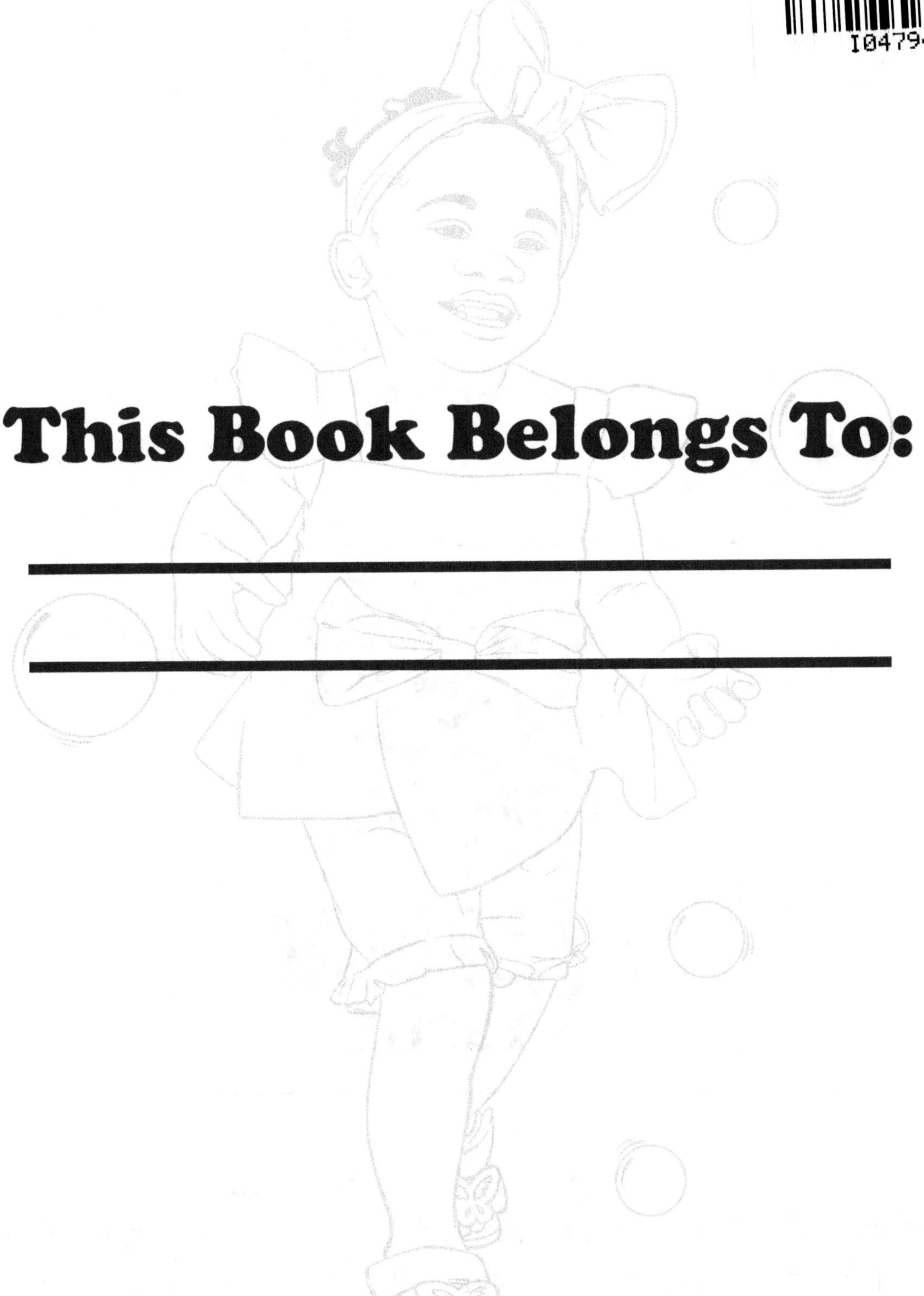

ARTOMATICGAWD

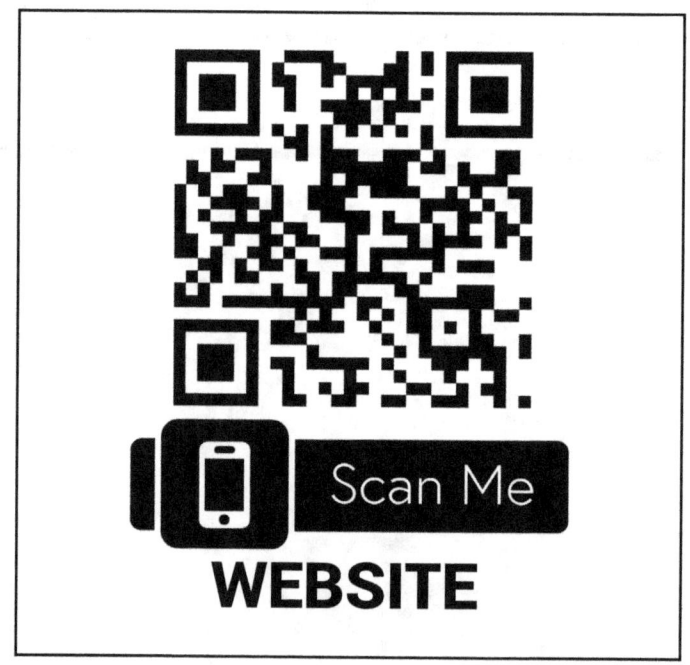

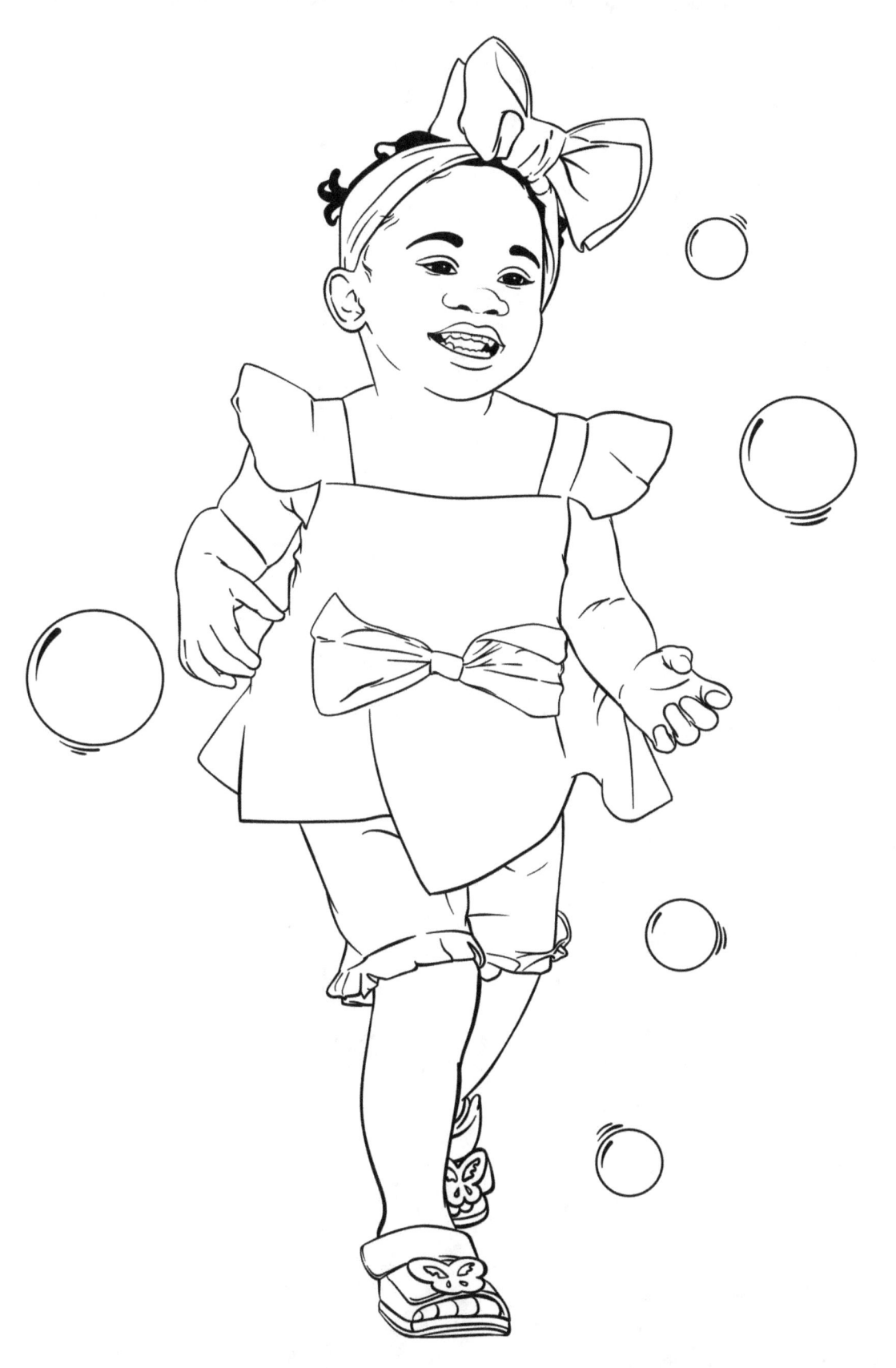

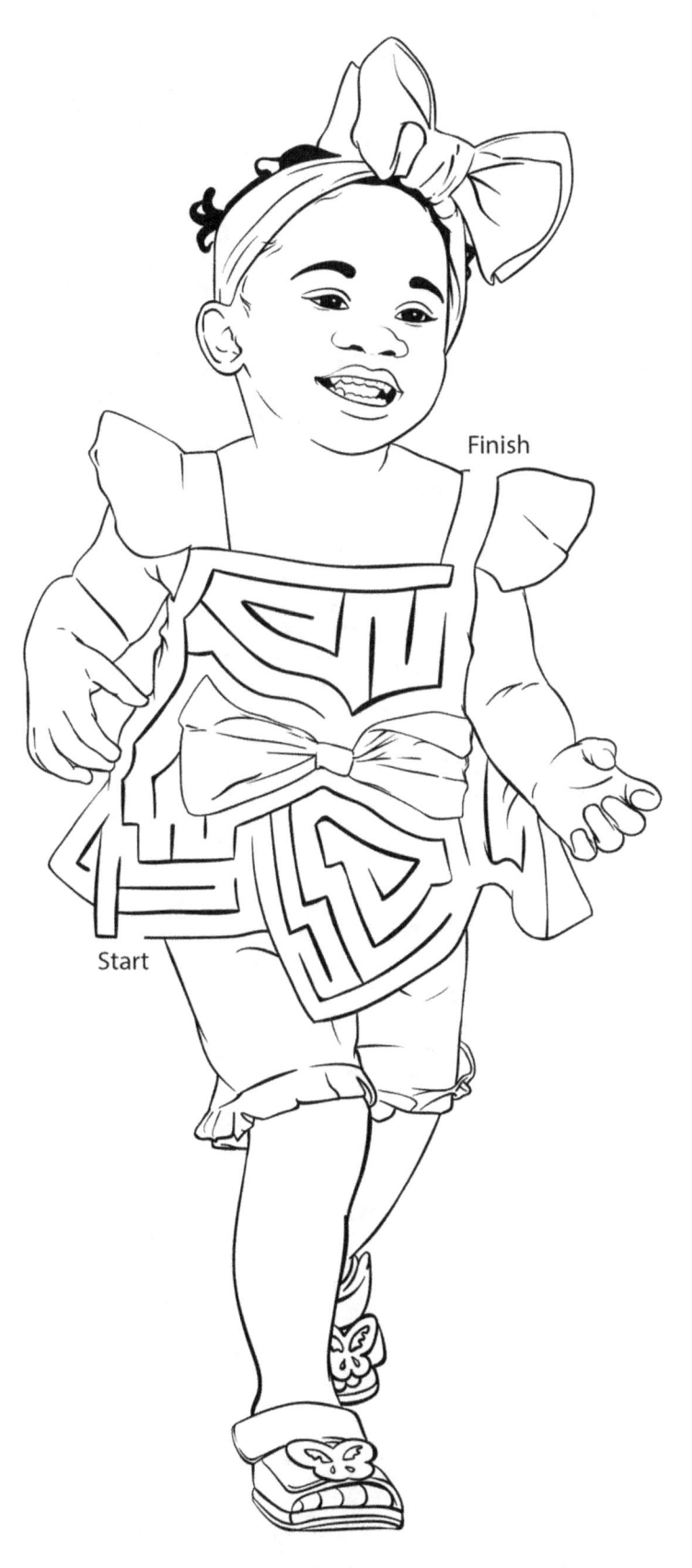

Finish

Start

# Impossible Letters

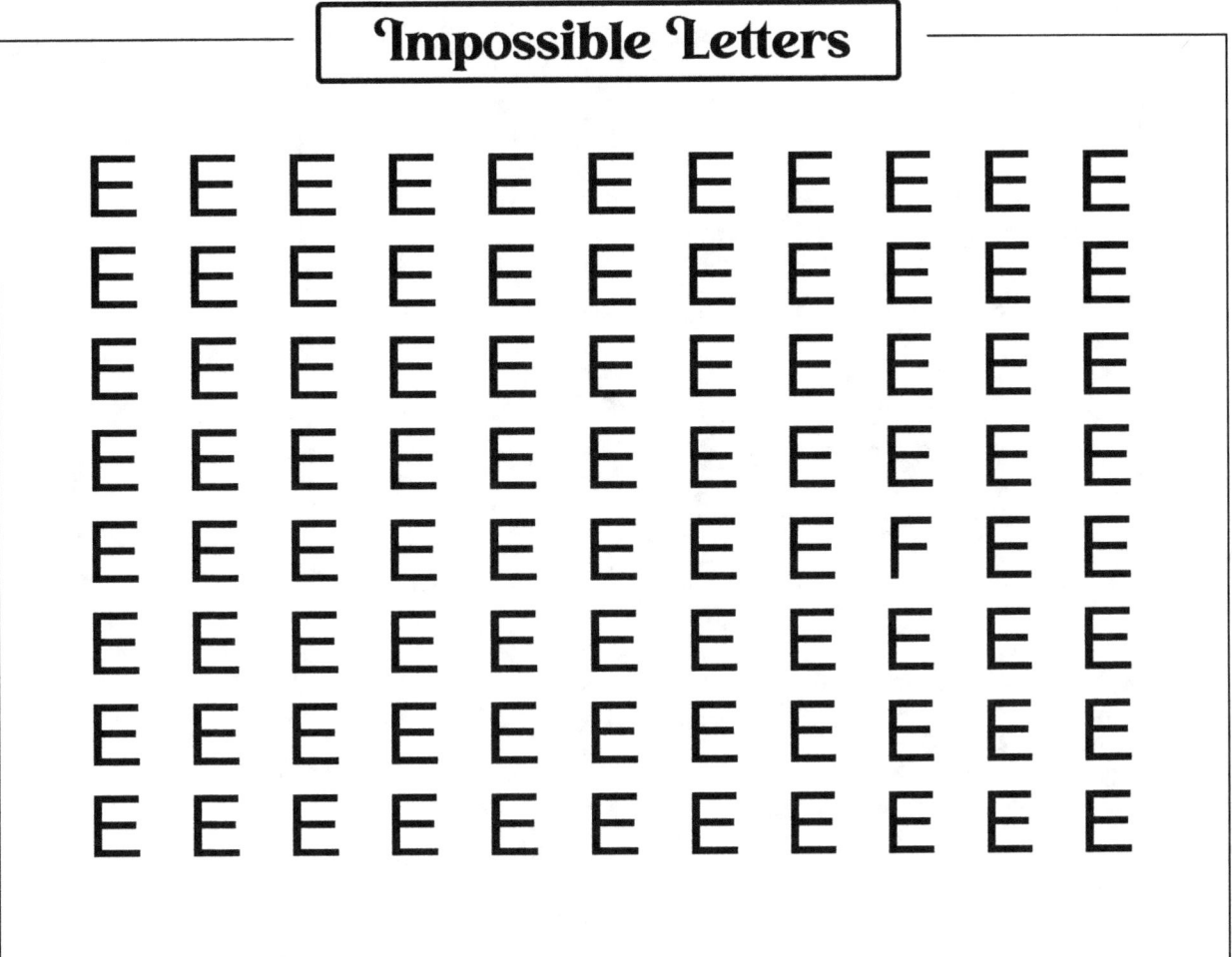

Find the letter or number that is odd.

## School Stationaries

```
T   C   H   A   L   K   B   O   A   R   D   C
P   V   G   P   W   S   C   H   O   O   L   R
E   M   A   R   K   E   R   S   H   V   B   A
N   S   H   A   R   P   E   N   E   R   O   Y
C   B   J   O   U   R   N   A   L   S   O   O
I   J   S   N   O   T   E   B   O   O   K   N
L   E   R   A   S   E   R   U   L   E   R   S
Z   C   D   U   Z   P   A   P   E   R   J   B
```

Find the following words in the puzzle.
Words are hidden → and ↓ .

BOOK               MARKERS            RULER
CHALKBOARD         NOTEBOOK           SCHOOL
CRAYONS            PAPER              SHARPENER
ERASER             PEN
JOURNAL            PENCIL

## School Stationaries

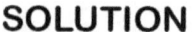

```
.  C  H  A  L  K  B  O  A  R  D  C
P  .  .  .  .  S  C  H  O  O  L  R
E  M  A  R  K  E  R  S  .  .  B  A
N  S  H  A  R  P  E  N  E  R  O  Y
C  .  J  O  U  R  N  A  L  .  O  O
I  .  .  N  O  T  E  B  O  O  K  N
L  E  R  A  S  E  R  U  L  E  R  S
.  .  .  .  .  P  A  P  E  R  .  .
```

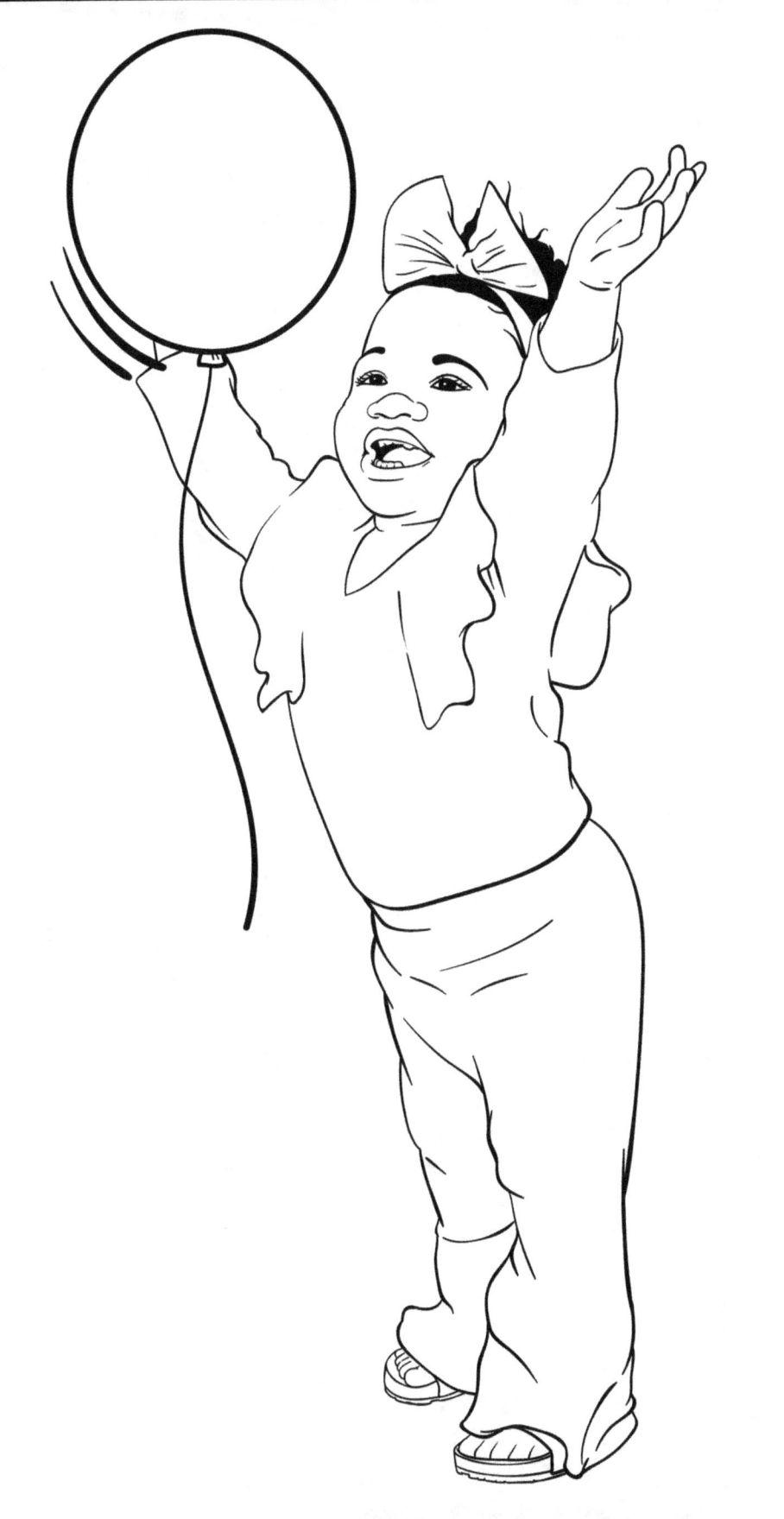

Start

Finish

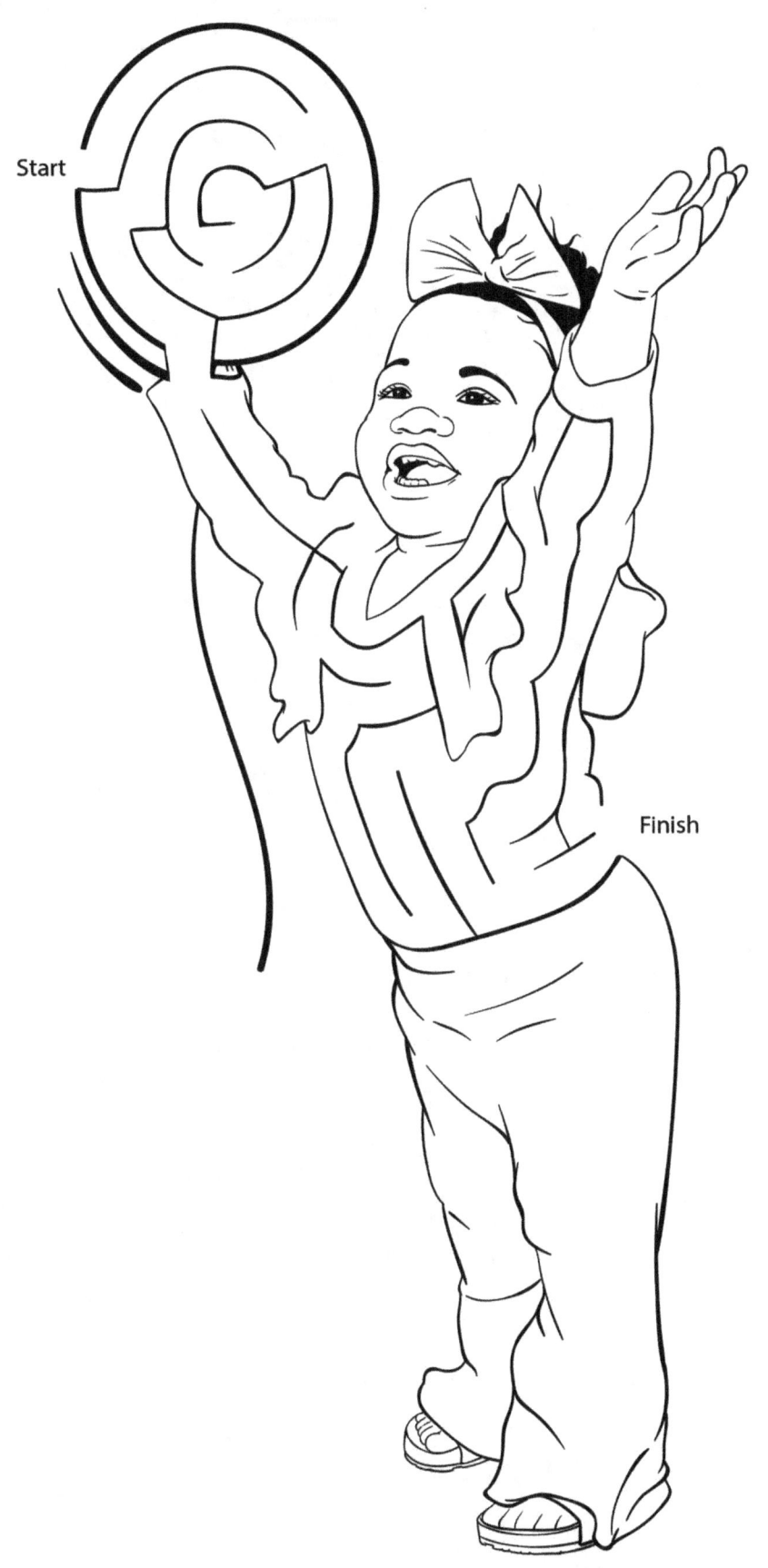

# Impossible Letters

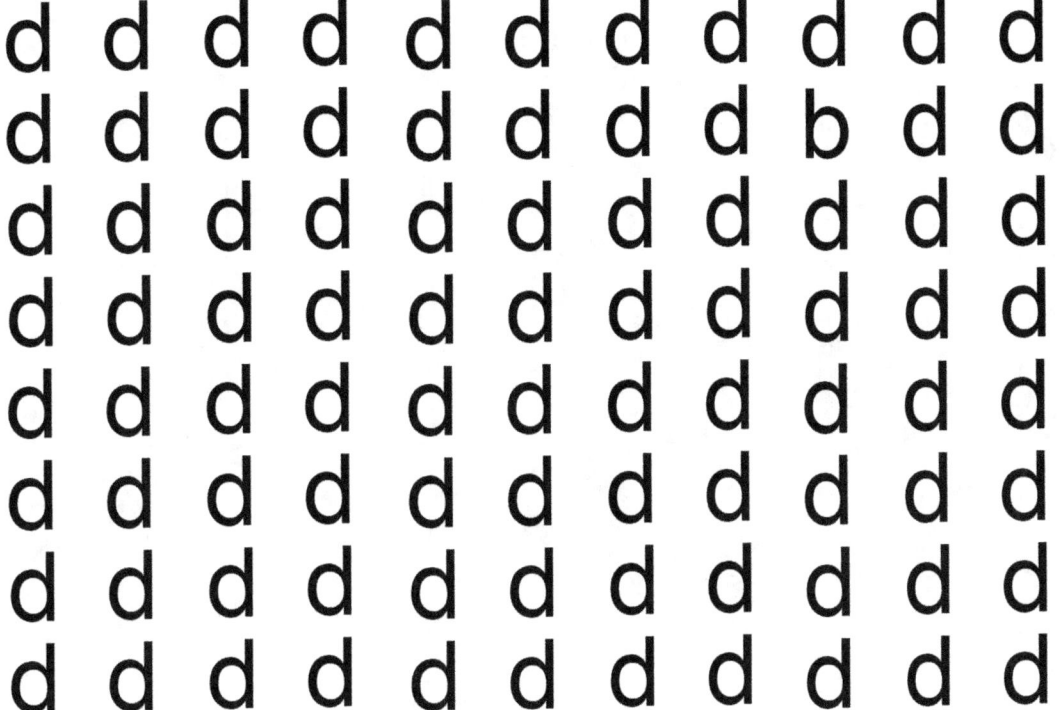

Find the letter or number that is odd.

## Fruits

```
L  M  A  N  G  O  P  E  A  R  C  N
E  E  O  R  A  N  G  E  V  G  H  Y
M  B  E  R  R  I  E  S  F  R  E  A
O  N  N  Q  B  A  N  A  N  A  R  P
N  M  K  K  I  W  I  L  W  P  R  P
P  I  N  E  A  P  P  L  E  E  Y  L
O  B  R  M  E  L  O  N  K  S  F  E
D  H  P  L  U  M  A  F  F  B  R  Z
```

Find the following words in the puzzle.
Words are hidden → and ↓ .

APPLE         KIWI          PEAR
BANANA        LEMON         PINEAPPLE
BERRIES       MANGO         PLUM
CHERRY        MELON
GRAPES        ORANGE

## Fruits

```
L  M  A  N  G  O  P  E  A  R  C  .
E  .  O  R  A  N  G  E  .  G  H  .
M  B  E  R  R  I  E  S  .  R  E  A
O  .  .  .  B  A  N  A  N  A  R  P
N  .  .  K  I  W  I  .  .  P  R  P
P  I  N  E  A  P  P  L  E  E  Y  L
.  .  .  M  E  L  O  N  .  S  .  E
.  .  P  L  U  M  .  .  .  .  .  .
```

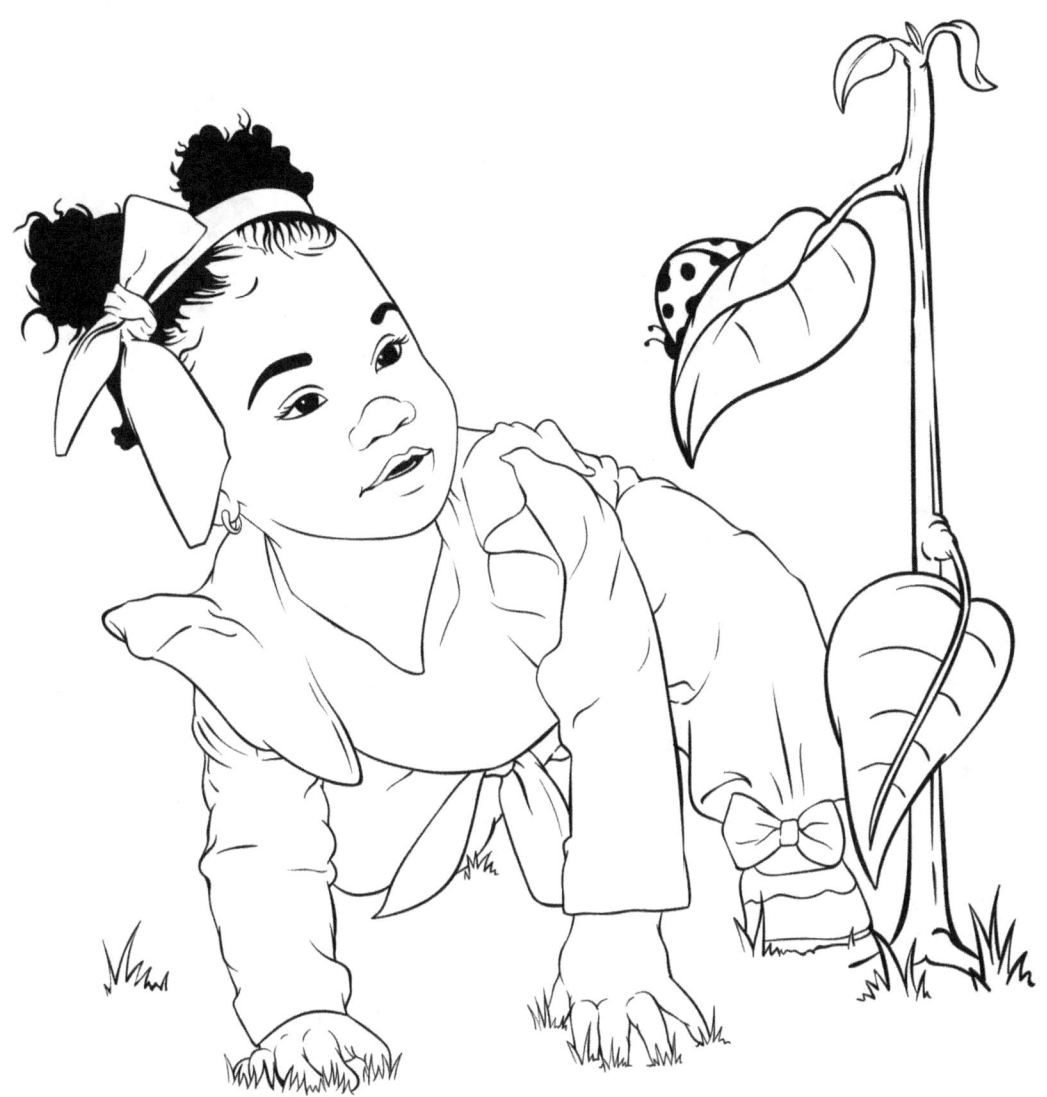

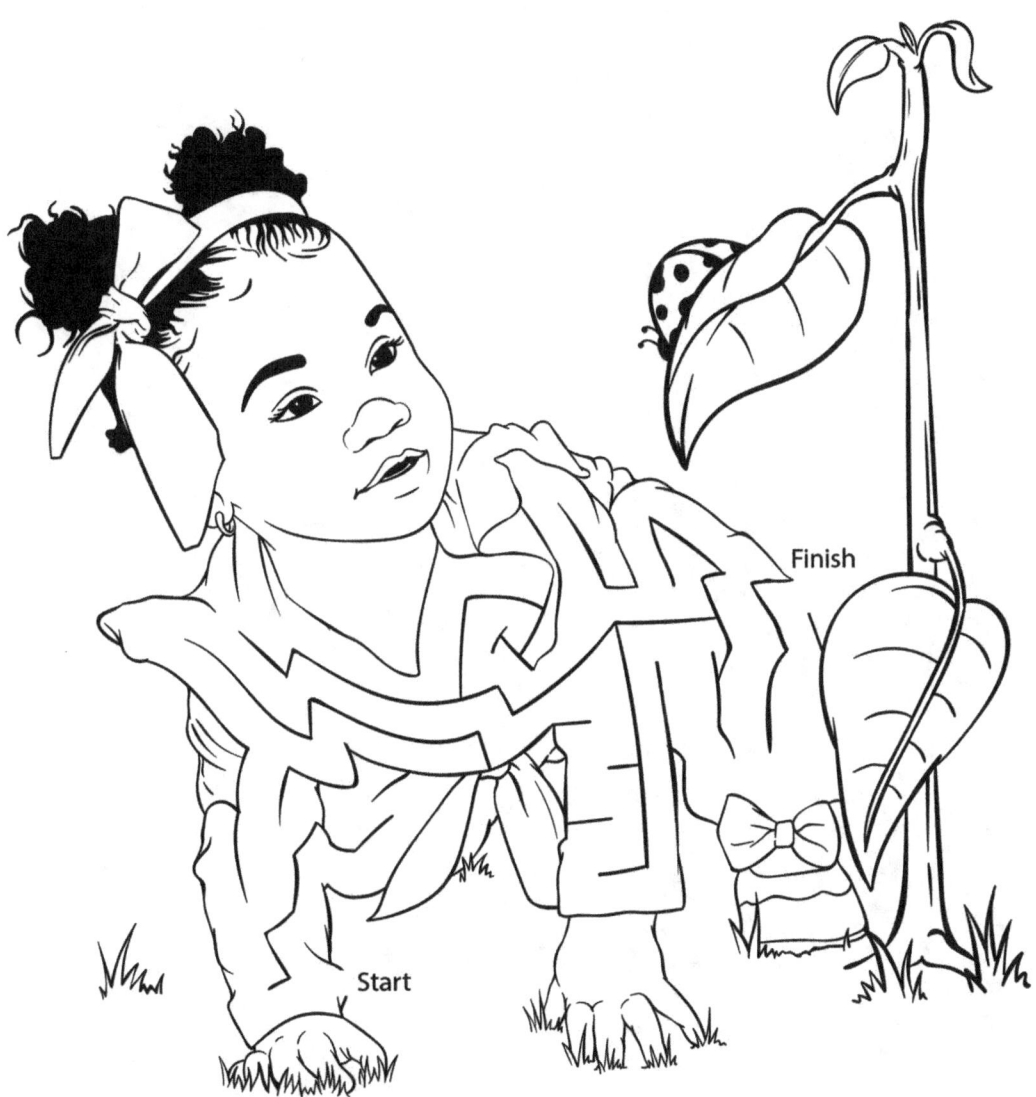

Finish

Start

# Impossible Letters

M M M M M M M M M M
M M M M M M M M M M
M M M M M M M M M M
M M M M M M M M M M
M M M M M W M M M M
M M M M M M M M M M
M M M M M M M M M M
M M M M M M M M M M

Find the letter or number that is odd.

# Animals

```
C C H U F E L M T B F O
H V Z E X W I G B U N D
I Z W C Y E O O F D O E
C H O R S E N A T O P E
K O L O C A T T L G I R
E Y F S H E E P P Y G R
N Z X B E A R E Y T N N
F R O G F G O B A H N H
```

Find the following words in the puzzle.
Words are hidden → and ↓ .

BEAR   DOG   PIG
CAT    FROG   SHEEP
CHICKEN  GOAT   WOLF
DEER   HORSE
      LION

# Animals

```
C  .  .  .  .  L  .  .  .  .  .
H  .  .  .  .  I  G  .  .  .  D
I  .  W  .  .  .  O  O  .  D  .  E
C  H  O  R  S  E  N  A  .  O  P  E
K  .  L  .  C  A  T  T  .  G  I  R
E  .  F  S  H  E  E  P  .  .  G  .
N  .  .  B  E  A  R  .  .  .  .  .
F  R  O  G  .  .  .  .  .  .  .  .
```

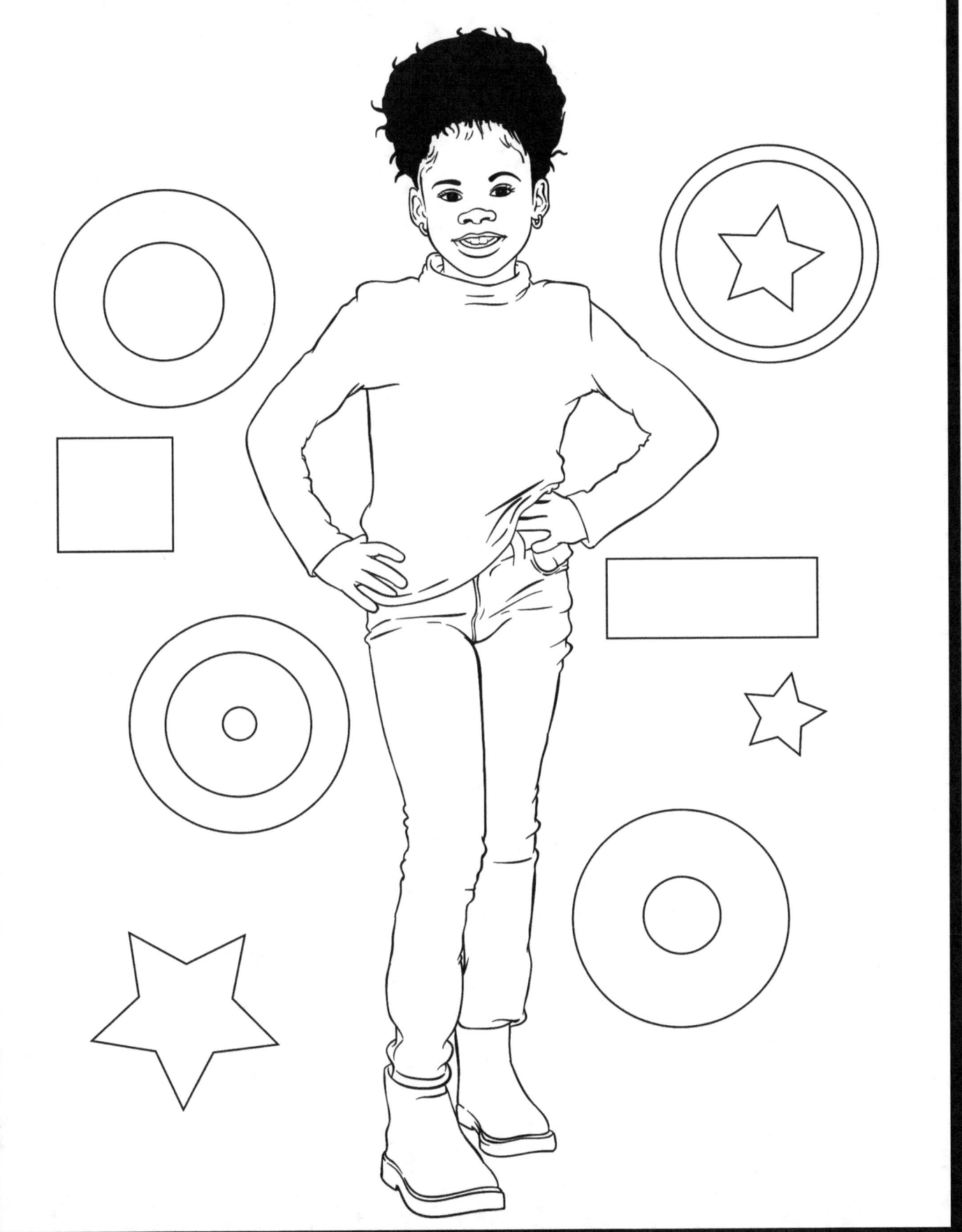

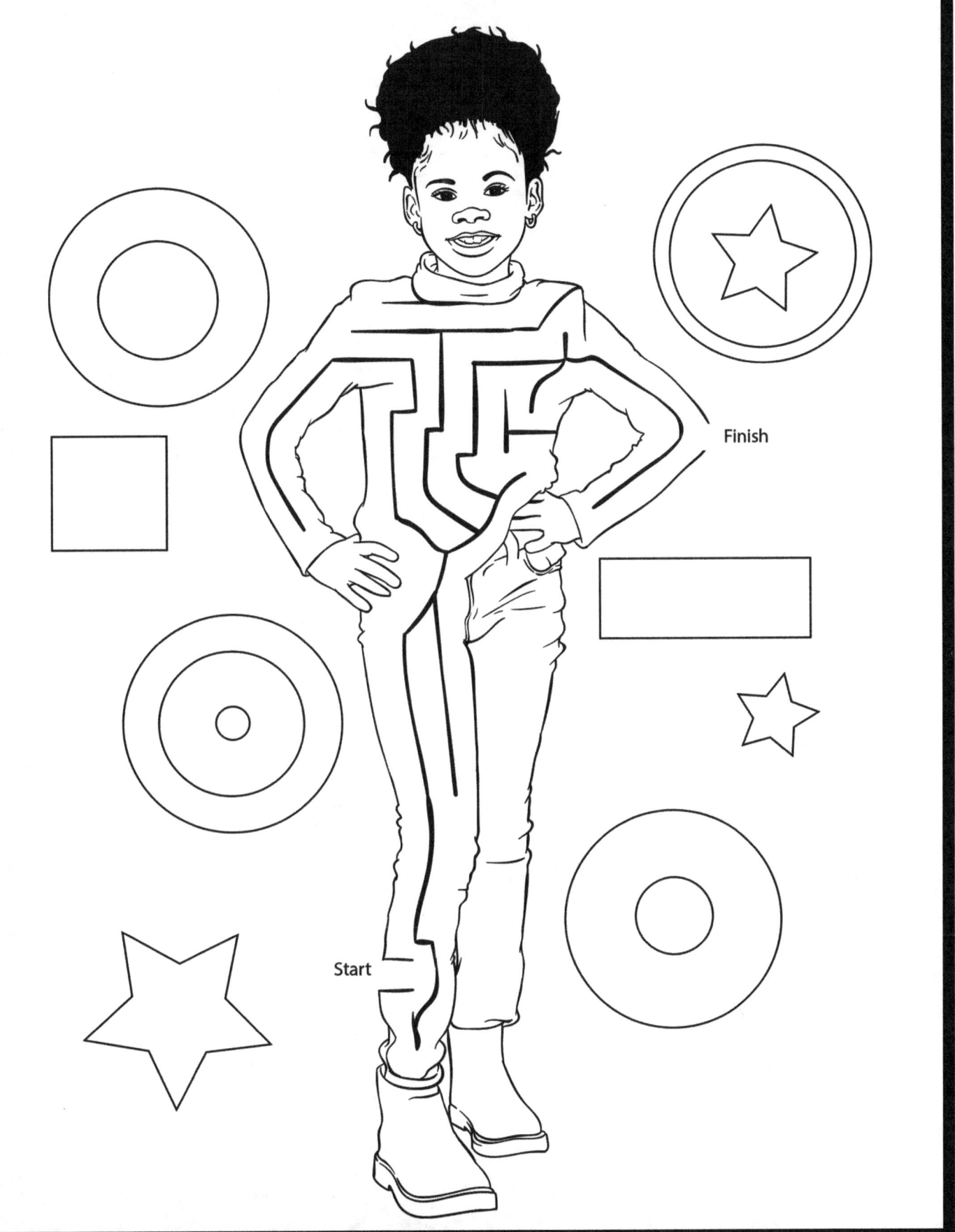

Finish

Start

# Impossible Letters

```
2 2 2 2 2 2 2 2 2 2 2
2 2 2 2 2 2 2 2 2 2 2
2 2 2 2 2 2 2 2 2 2 2
2 2 2 2 2 2 2 2 2 2 2
2 2 2 2 2 2 2 2 2 2 2
2 2 2 2 2 2 2 2 2 2 2
2 2 2 2 2 2 2 2 2 2 2
2 Z 2 2 2 2 2 2 2 2 2
```

Find the letter or number that is odd.

## Vegetables

```
G  C  T  P  E  A  S  C  P  X  B  B
A  A  L  T  G  T  R  E  U  Q  E  P
R  B  B  O  K  O  L  L  M  B  A  O
L  B  E  M  V  N  S  E  P  C  N  T
I  A  E  A  P  I  Y  R  K  O  S  A
C  G  T  T  B  O  A  Y  I  R  H  T
R  E  V  O  L  N  M  P  N  N  L  O
L  W  S  R  Y  C  A  R  R  O  T  Z
```

Find the following words in the puzzle.
Words are hidden → and ↓ .

| | | |
|---|---|---|
| BEANS | CORN | PUMPKIN |
| BEET | GARLIC | TOMATO |
| CABBAGE | ONION | YAM |
| CARROT | PEAS | |
| CELERY | POTATO | |

# Vegetables

```
G  C  .  P  E  A  S  C  P  .  B  .
A  A  .  T  .  .  .  E  U  .  E  P
R  B  B  O  .  O  .  L  M  .  A  O
L  B  E  M  .  N  .  E  P  C  N  T
I  A  E  A  .  I  Y  R  K  O  S  A
C  G  T  T  .  O  A  Y  I  R  .  T
.  E  .  O  .  N  M  .  N  N  .  O
.  .  .  .  .  C  A  R  R  O  T  .
```

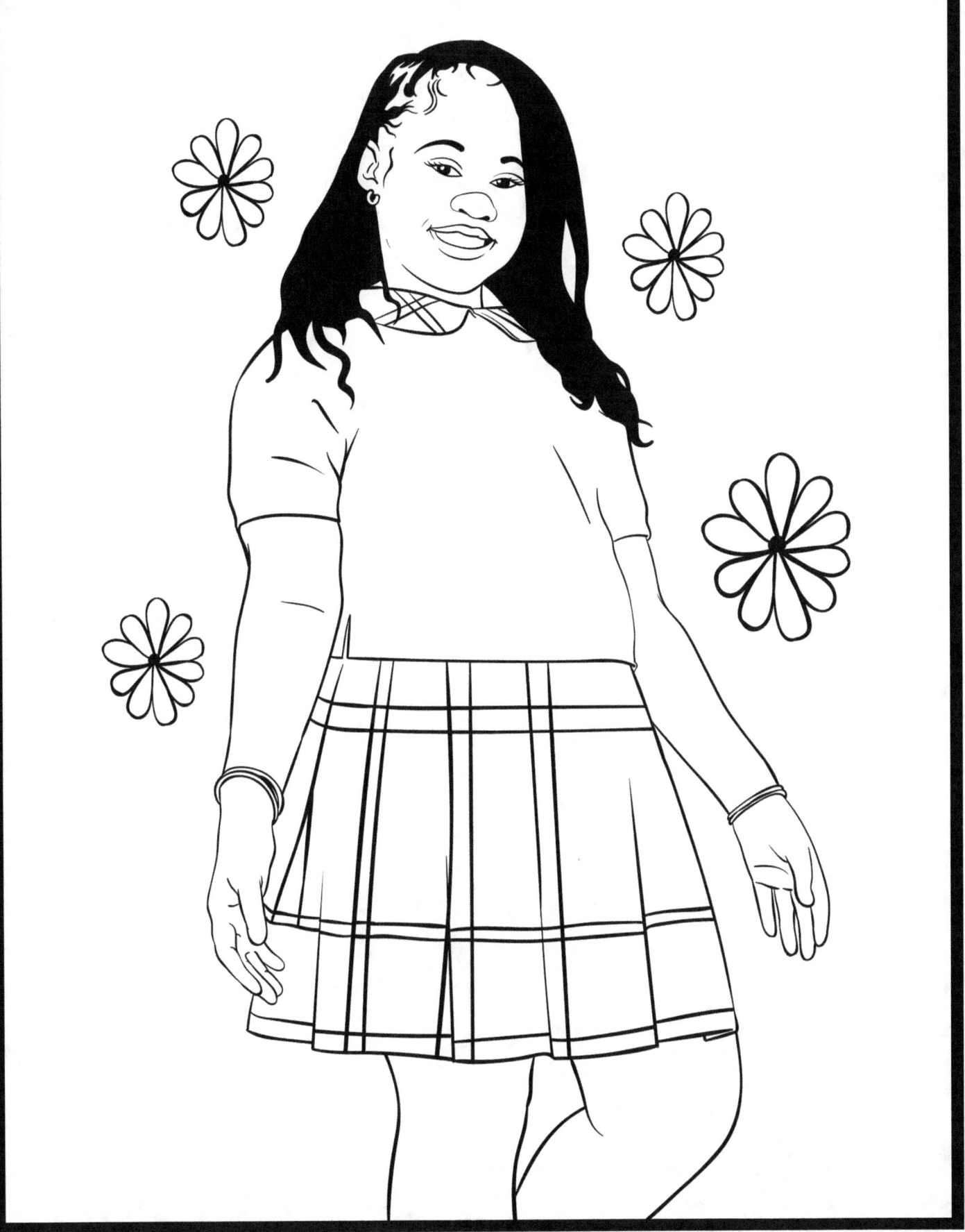

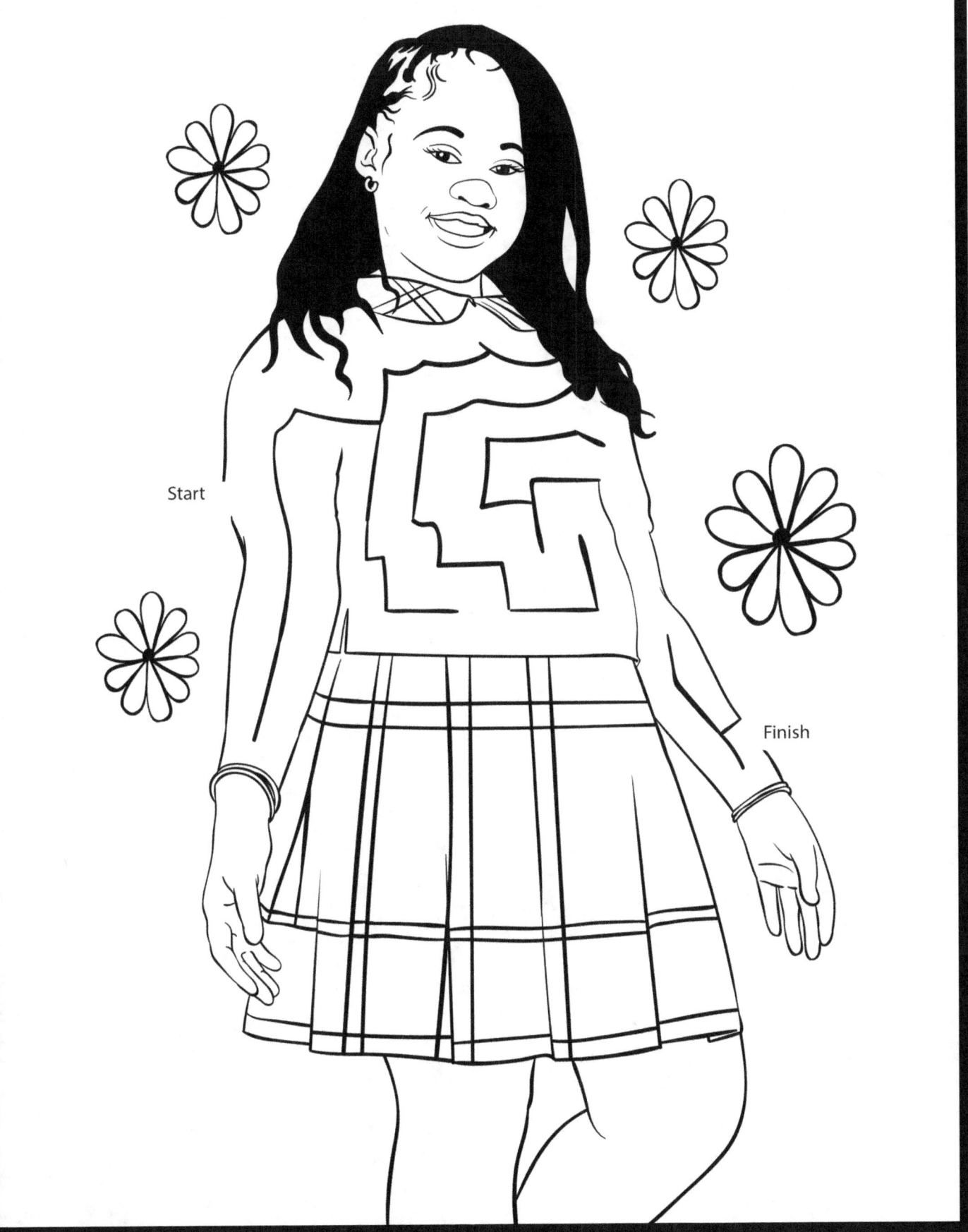

Start

Finish

# Impossible Letters

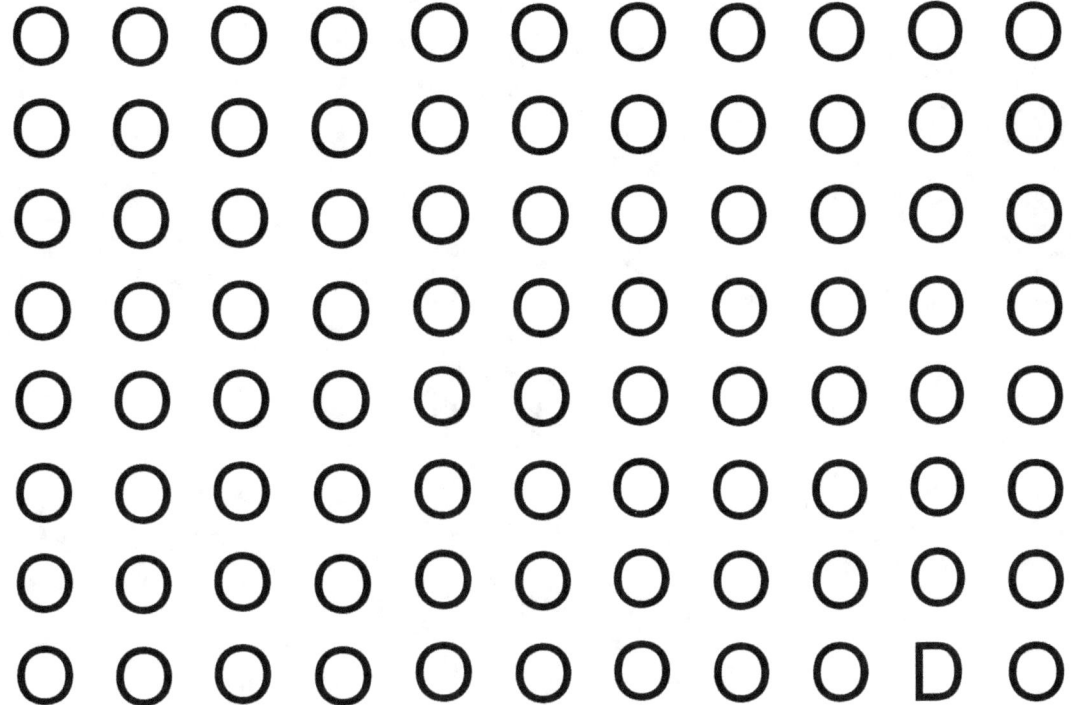

Find the letter or number that is odd.

# Solar System

```
M  K  J  U  P  I  T  E  R  R  N  U
A  E  Q  O  I  B  S  Q  S  O  E  R
R  E  A  R  T  H  D  M  A  R  P  A
S  R  F  Z  Q  S  F  W  T  M  T  N
S  J  U  P  L  U  T  O  U  O  U  U
V  E  N  U  S  N  J  V  R  O  N  S
D  F  Q  V  Y  N  Z  Y  N  N  E  Q
P  L  L  M  E  R  C  U  R  Y  U  X
```

Find the following words in the puzzle.
Words are hidden → and ↓ .

EARTH          MOON          SUN
JUPITER        NEPTUNE       URANUS
MARS           PLUTO         VENUS
MERCURY        SATURN

# Solar System

```
M  .  J  U  P  I  T  E  R  .  N  U
A  .  .  .  .  .  .  .  S  .  E  R
R  E  A  R  T  H  .  .  A  .  P  A
S  .  .  .  .  S  .  .  T  M  T  N
.  .  .  P  L  U  T  O  U  O  U  U
V  E  N  U  S  N  .  .  R  O  N  S
.  .  .  .  .  .  .  .  N  N  E  .
.  .  .  .  M  E  R  C  U  R  Y  .  .
```

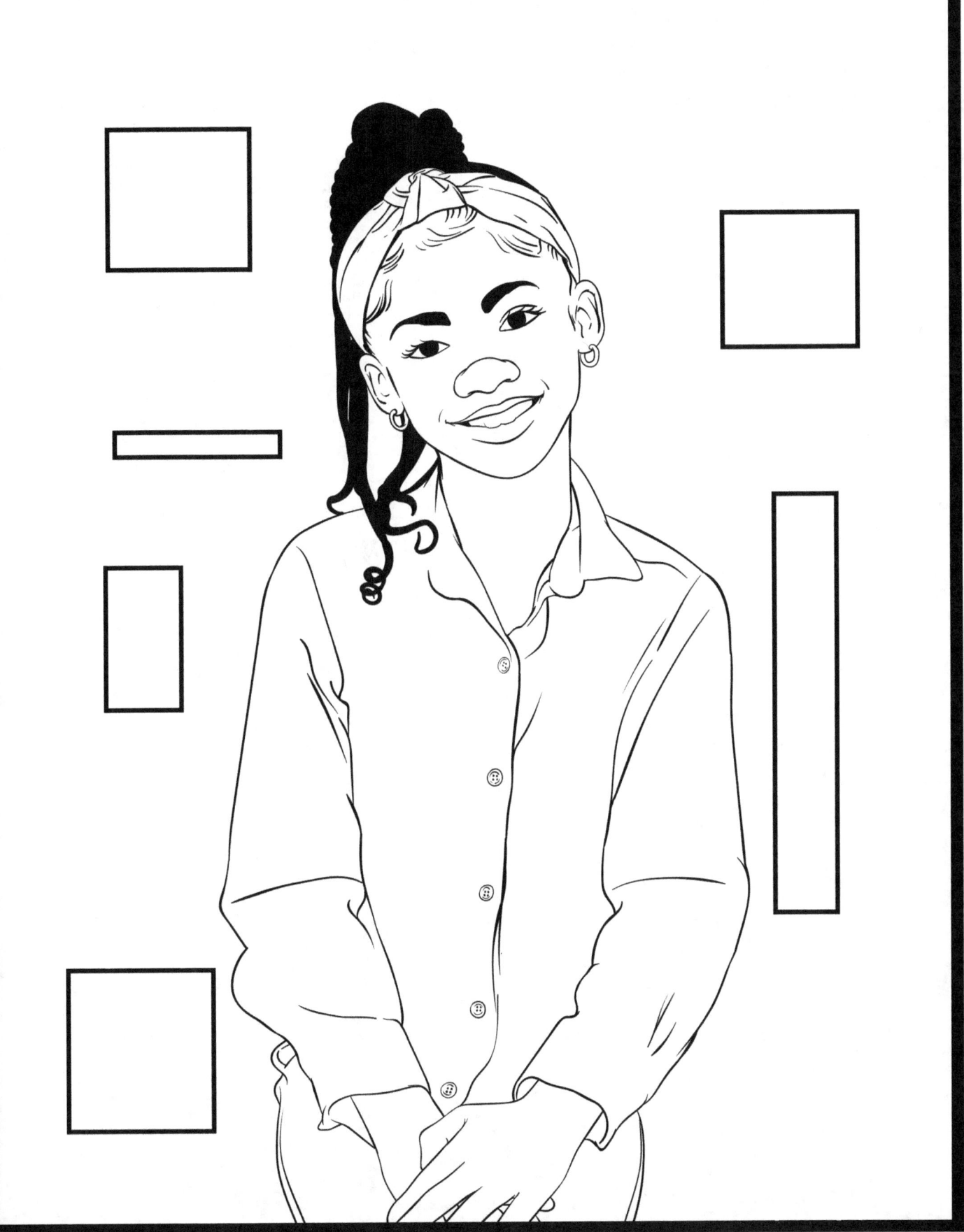

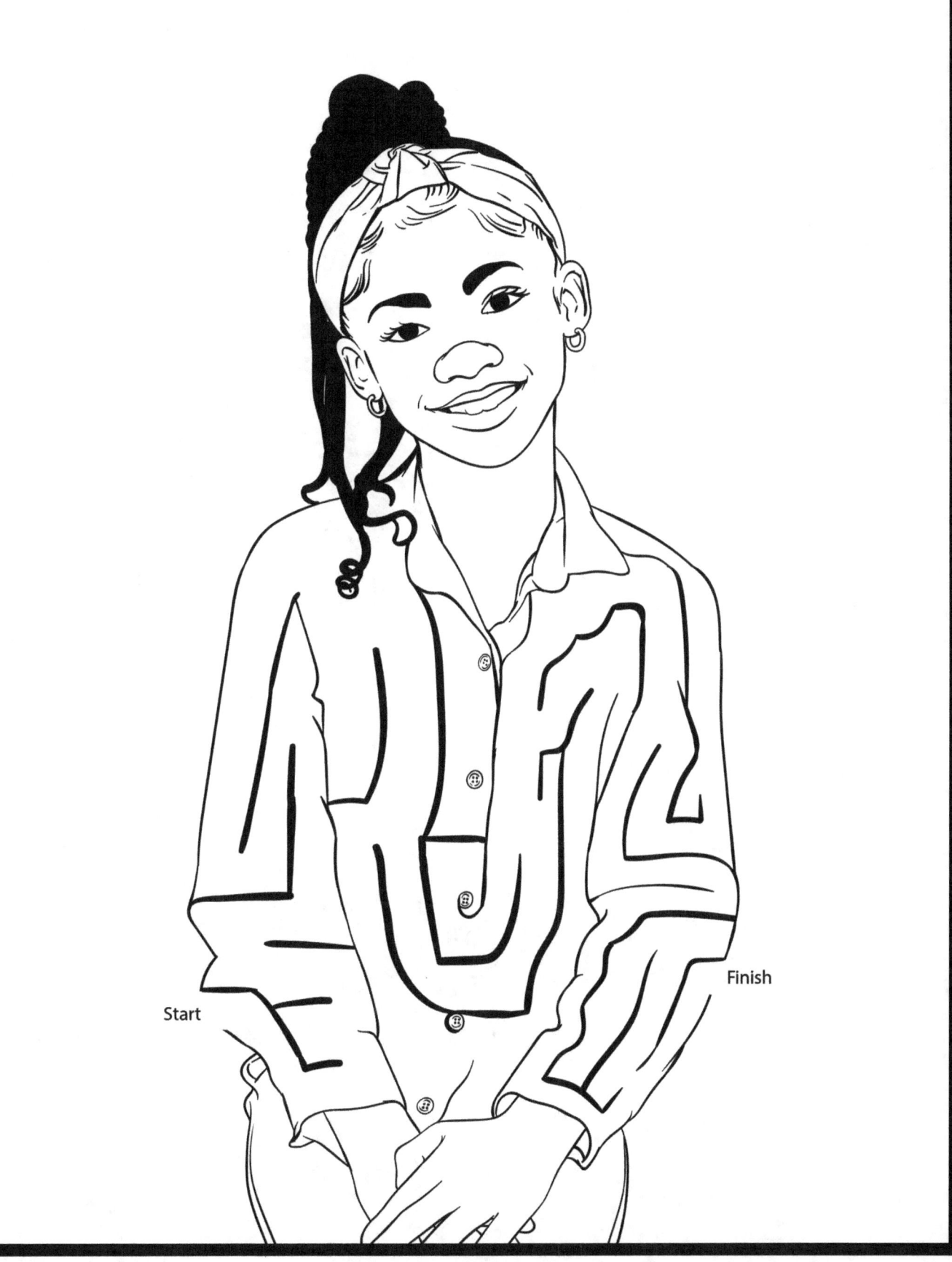

Start

Finish

# Impossible Letters

R R R R R R R R R R R
R R R R R R R R R R R
P R R R R R R R R R R
R R R R R R R R R R R
R R R R R R R R R R R
R R R R R R R R R R R
R R R R R R R R R R R
R R R R R R R R R R R

Find the letter or number that is odd.

## Insects

```
E   J   A   C   M   U   A   W   B   Z   H   L
Q   K   N   W   N   B   B   A   E   H   O   A
P   I   T   O   K   U   E   S   E   U   R   D
Y   B   S   R   V   G   E   P   T   F   N   Y
L   G   W   M   K   T   S   X   L   L   E   B
T   E   R   M   I   T   E   S   E   E   T   U
P   F   L   Y   N   B   D   U   S   A   O   G
B   U   T   T   E   R   F   L   Y   J   Y   B
```

Find the following words in the puzzle.
Words are hidden → and ↓ .

| | | |
|---|---|---|
| ANTS | FLEA | WASP |
| BEES | FLY | WORM |
| BEETLES | HORNET | |
| BUG | LADYBUG | |
| BUTTERFLY | TERMITE | |

# Insects

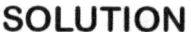

```
.  .  A  .  .  .  .  W  B  .  H  L
.  .  N  W  .  B  B  A  E  .  O  A
.  .  T  O  .  U  E  S  E  .  R  D
.  .  S  R  .  G  E  P  T  F  N  Y
.  .  .  M  .  .  S  .  L  L  E  B
T  E  R  M  I  T  E  .  E  E  T  U
.  F  L  Y  .  .  .  .  S  A  .  G
B  U  T  T  E  R  F  L  Y  .  .  .
```

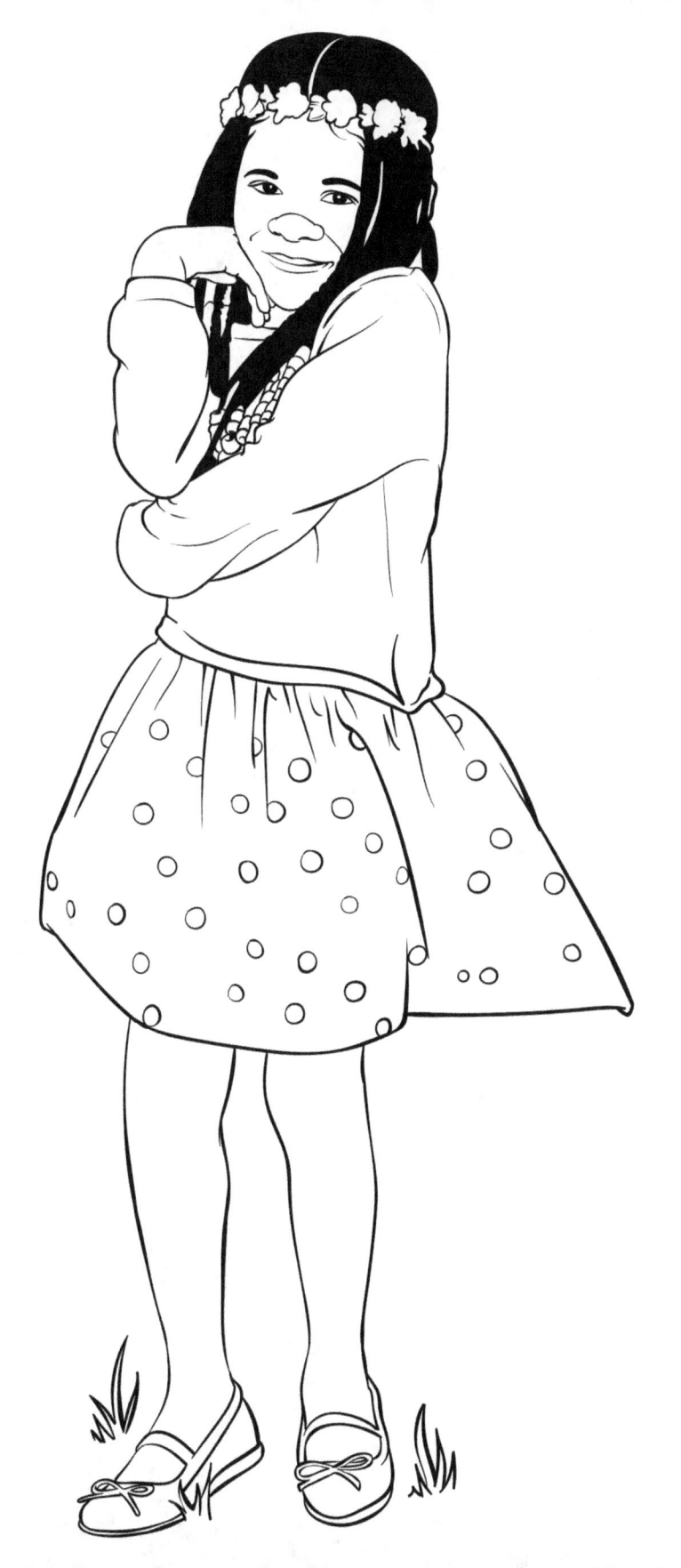

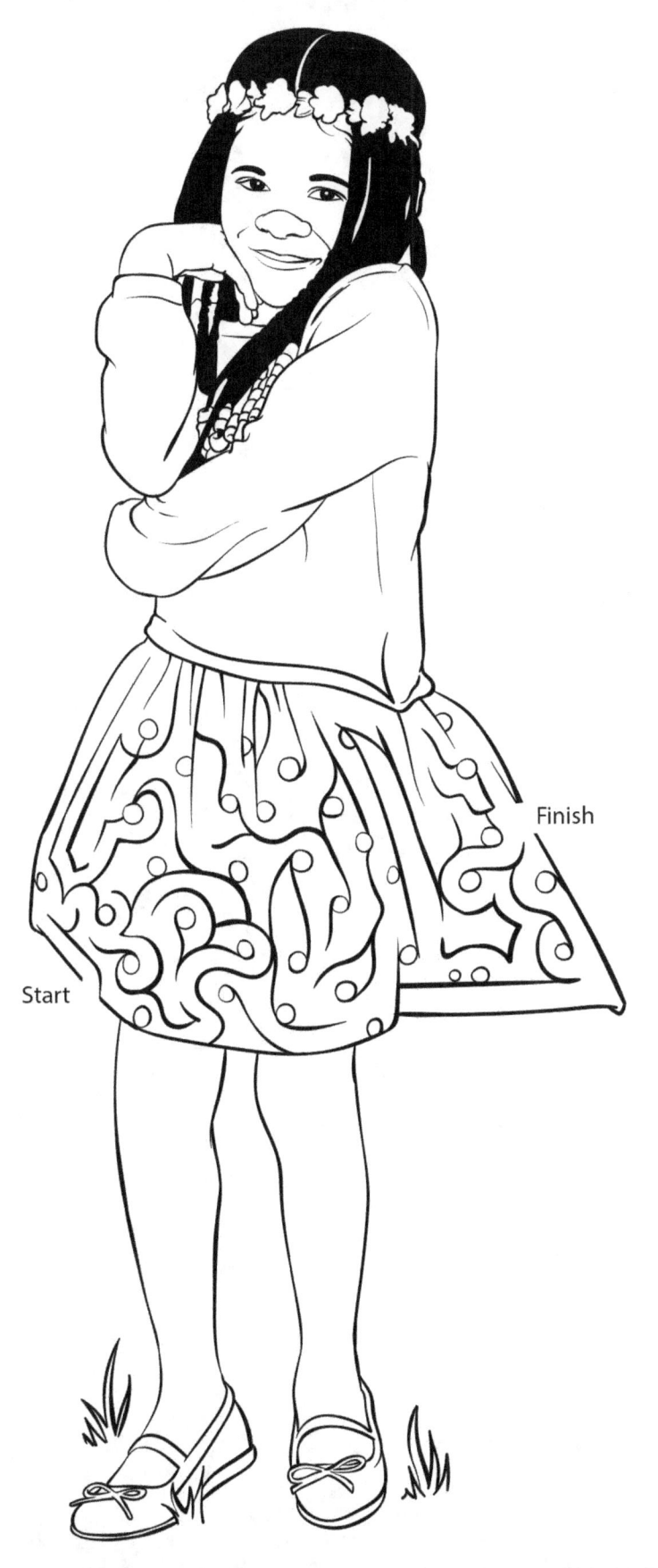

Start

Finish

# Impossible Letters

1 1 1 1 1 1 1 1 1 1 1
1 1 1 1 1 1 1 1 1 1 1
1 1 1 1 1 1 1 1 1 1 1
1 1 1 1 1 1 1 1 1 1 1
1 1 1 1 1 1 1 1 1 1 1
1 1 1 1 1 1 1 1 1 1 1
1 1 1 1 1 1 1 I 1 1 1
1 1 1 1 1 1 1 1 1 1 1

Find the letter or number that is odd.

## Shapes

```
Q  C  R  E  C  T  A  N  G  L  E  S
C  U  T  R  I  A  N  G  L  E  W  T
I  B  E  L  L  I  P  S  E  P  K  A
R  E  X  W  S  P  H  E  R  E  G  R
C  P  K  I  T  E  X  B  N  O  G  Z
L  B  Y  I  C  S  Q  U  A  R  E  Z
E  G  R  R  H  O  M  B  U  S  P  J
O  V  A  L  C  O  N  E  G  V  Z  V
```

Find the following words in the puzzle.
Words are hidden → and ↓ .

CIRCLE          OVAL            STAR
CONE            RECTANGLE       TRIANGLE
CUBE            RHOMBUS
ELLIPSE         SPHERE
KITE            SQUARE

# Shapes

```
.  C  R  E  C  T  A  N  G  L  E  S
C  U  T  R  I  A  N  G  L  E  .  T
I  B  E  L  L  I  P  S  E  .  .  A
R  E  .  .  S  P  H  E  R  E  .  R
C  .  K  I  T  E  .  .  .  .  .  .
L  .  .  .  .  S  Q  U  A  R  E  .
E  .  .  R  H  O  M  B  U  S  .  .
O  V  A  L  C  O  N  E  .  .  .  .
```

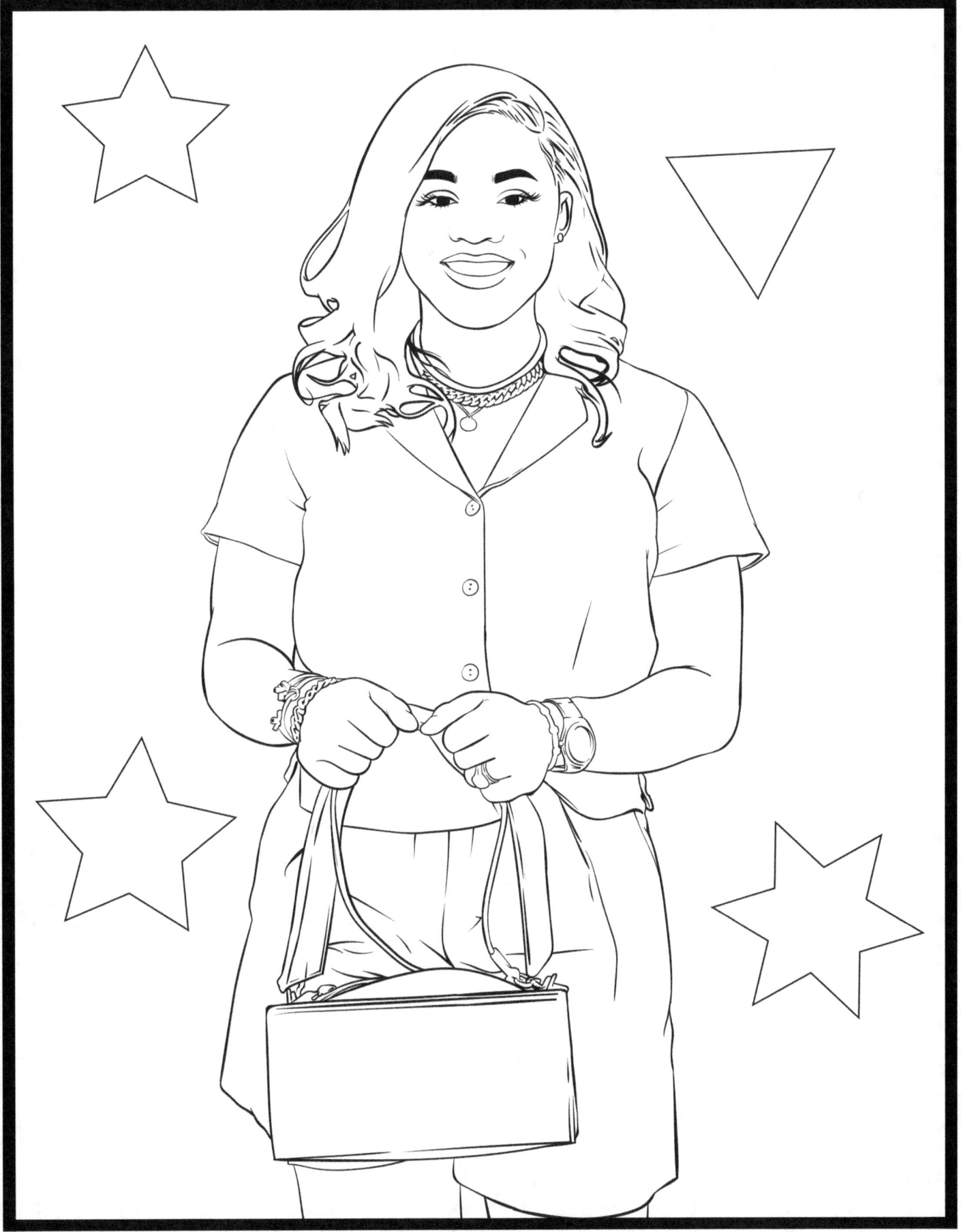

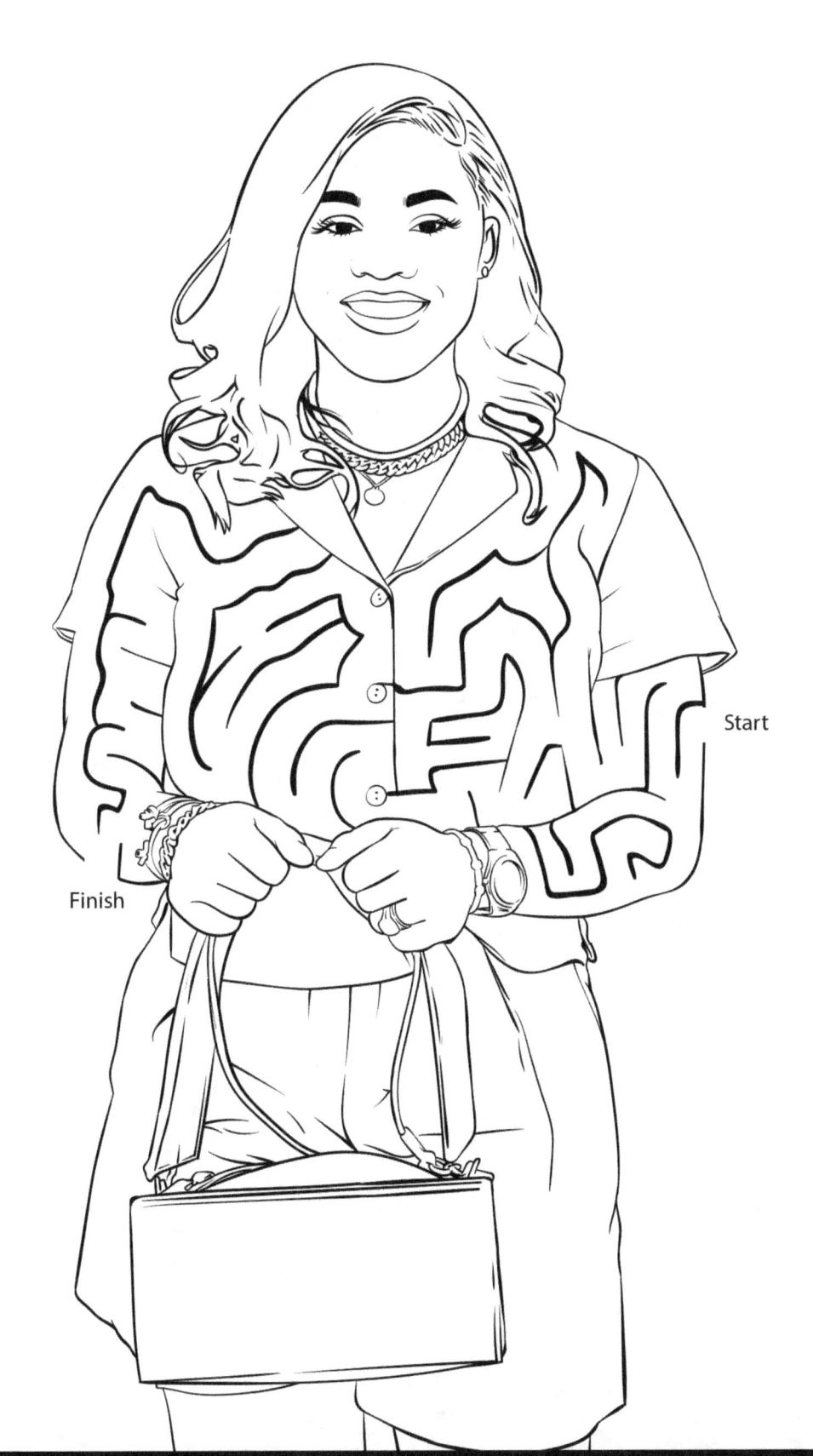

Start

Finish

# Impossible Letters

B B B B B B B B B B B
B B B B B B B B B B B
B B B B B B B B B B B
B B B B B B B B B B B
B B B B B B B B B B B
B B B B B B B B B B B
B B B B B B B B B B B
B B B B B B B 8 B B B

Find the letter or number that is odd.

## Colors

```
Y  Y  O  M  P  I  N  K  E  G  J  B
R  E  P  O  R  A  N  G  E  R  C  S
E  L  U  B  R  O  W  N  K  E  E  T
D  L  R  H  Y  L  C  V  Z  Y  B  Z
T  O  P  B  L  A  C  K  V  C  L  A
K  W  L  C  Y  A  N  I  O  B  U  V
E  E  E  G  W  G  R  E  E  N  E  Z
A  G  C  F  L  W  H  I  T  E  I  B
```

Find the following words in the puzzle.
Words are hidden → and ↓ .

| | | |
|---|---|---|
| BLACK | GREY | WHITE |
| BLUE | ORANGE | YELLOW |
| BROWN | PINK | |
| CYAN | PURPLE | |
| GREEN | RED | |

# Colors

```
.  Y  .  .  P  I  N  K  .  G  .  .
R  E  P  O  R  A  N  G  E  R  .  .
E  L  U  B  R  O  W  N  .  E  .  .
D  L  R  .  .  .  .  .  Y  B  .
.  O  P  B  L  A  C  K  .  .  L  .
.  W  L  C  Y  A  N  .  .  .  U  .
.  .  E  .  .  G  R  E  E  N  E  .
.  .  .  .  .  .  W  H  I  T  E  .  .
```

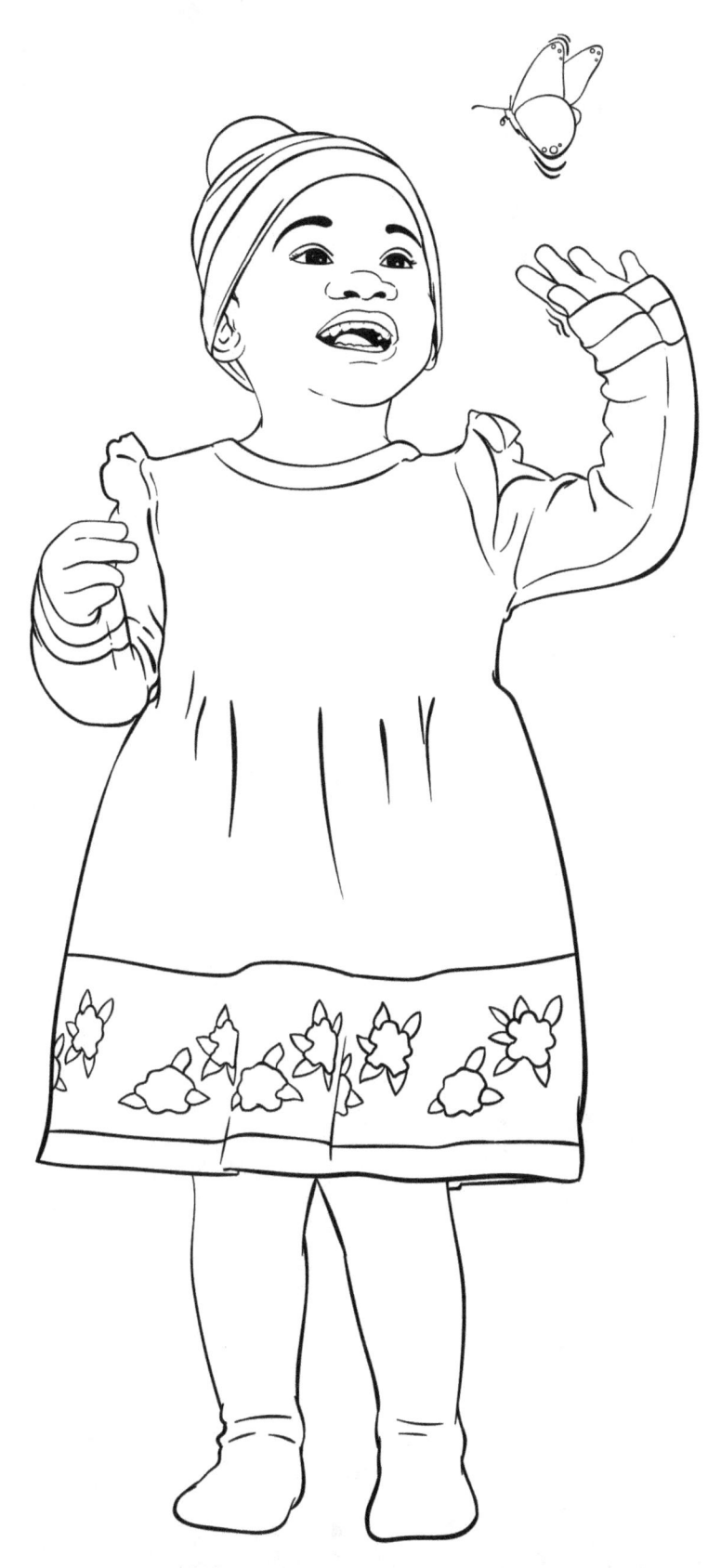

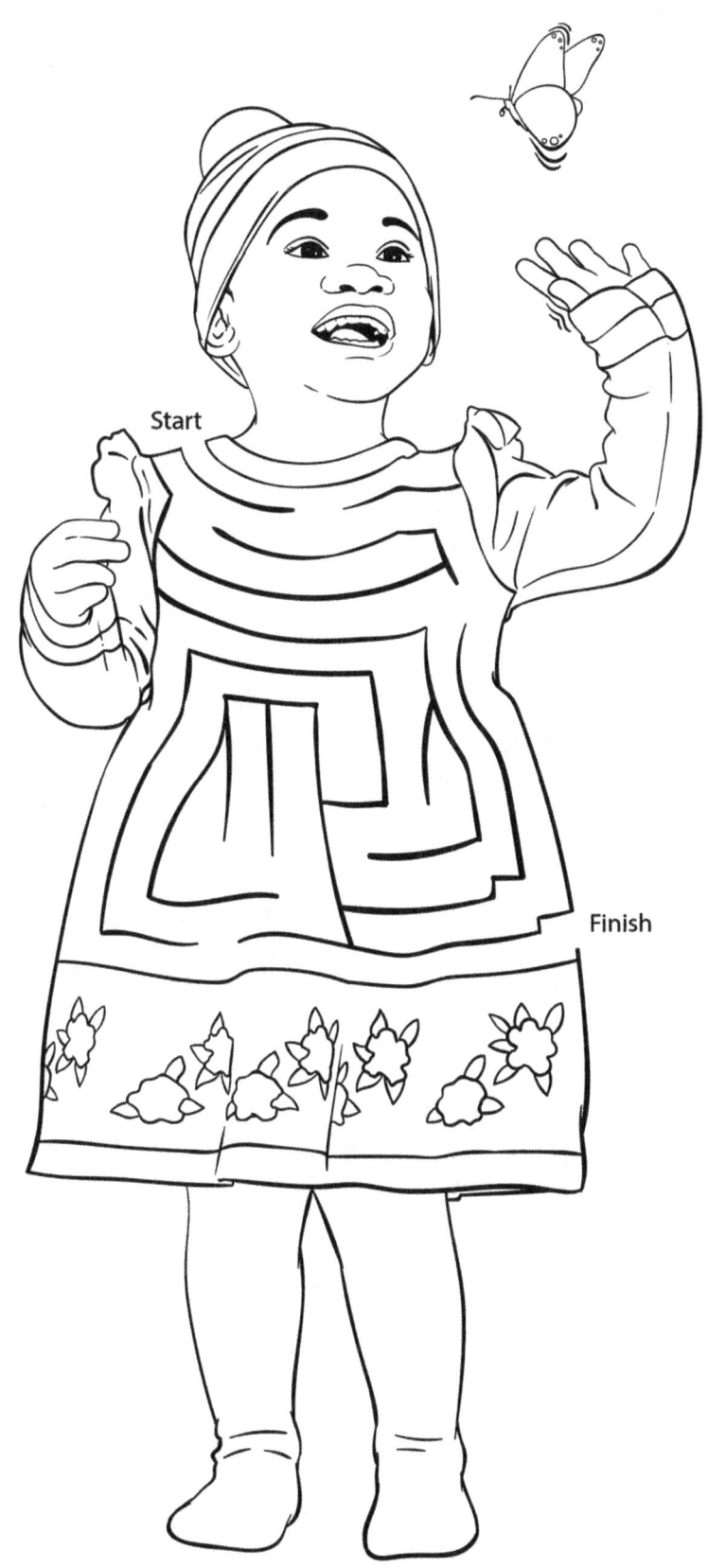

Start

Finish

## Impossible Letters

4 4 4 4 4 A 4 4 4 4 4
4 4 4 4 4 4 4 4 4 4 4
4 4 4 4 4 4 4 4 4 4 4
4 4 4 4 4 4 4 4 4 4 4
4 4 4 4 4 4 4 4 4 4 4
4 4 4 4 4 4 4 4 4 4 4
4 4 4 4 4 4 4 4 4 4 4
4 4 4 4 4 4 4 4 4 4 4

Find the letter or number that is odd.

# Human Body Parts

```
H  T  E  E  T  H  K  C  A  E  U  Q
H  U  R  F  I  N  G  E  R  S  B  B
A  E  A  R  S  C  F  E  E  T  U  O
N  D  Q  L  J  T  O  N  G  U  E  N
D  A  F  I  J  T  E  Y  E  S  I  E
S  R  E  P  M  N  O  S  E  P  Y  S
T  O  E  S  J  B  O  H  E  A  D  S
Z  J  O  V  X  B  R  A  I  N  Y  D
```

Find the following words in the puzzle.
Words are hidden → and ↓ .

| | | |
|---|---|---|
| BONES | FINGERS | TEETH |
| BRAIN | HANDS | TOES |
| EARS | HEAD | TONGUE |
| EYES | LIPS | |
| FEET | NOSE | |

# Human Body Parts

```
.  T  E  E  T  H  .  .  .  .  .  .  .
H  .  .  F  I  N  G  E  R  S  .  B
A  E  A  R  S  .  F  E  E  T  .  O
N  .  .  L  .  T  O  N  G  U  E  N
D  .  .  I  .  .  E  Y  E  S  .  E
S  .  .  P  .  N  O  S  E  .  .  S
T  O  E  S  .  .  .  H  E  A  D  .
.  .  .  .  .  B  R  A  I  N  .  .
```

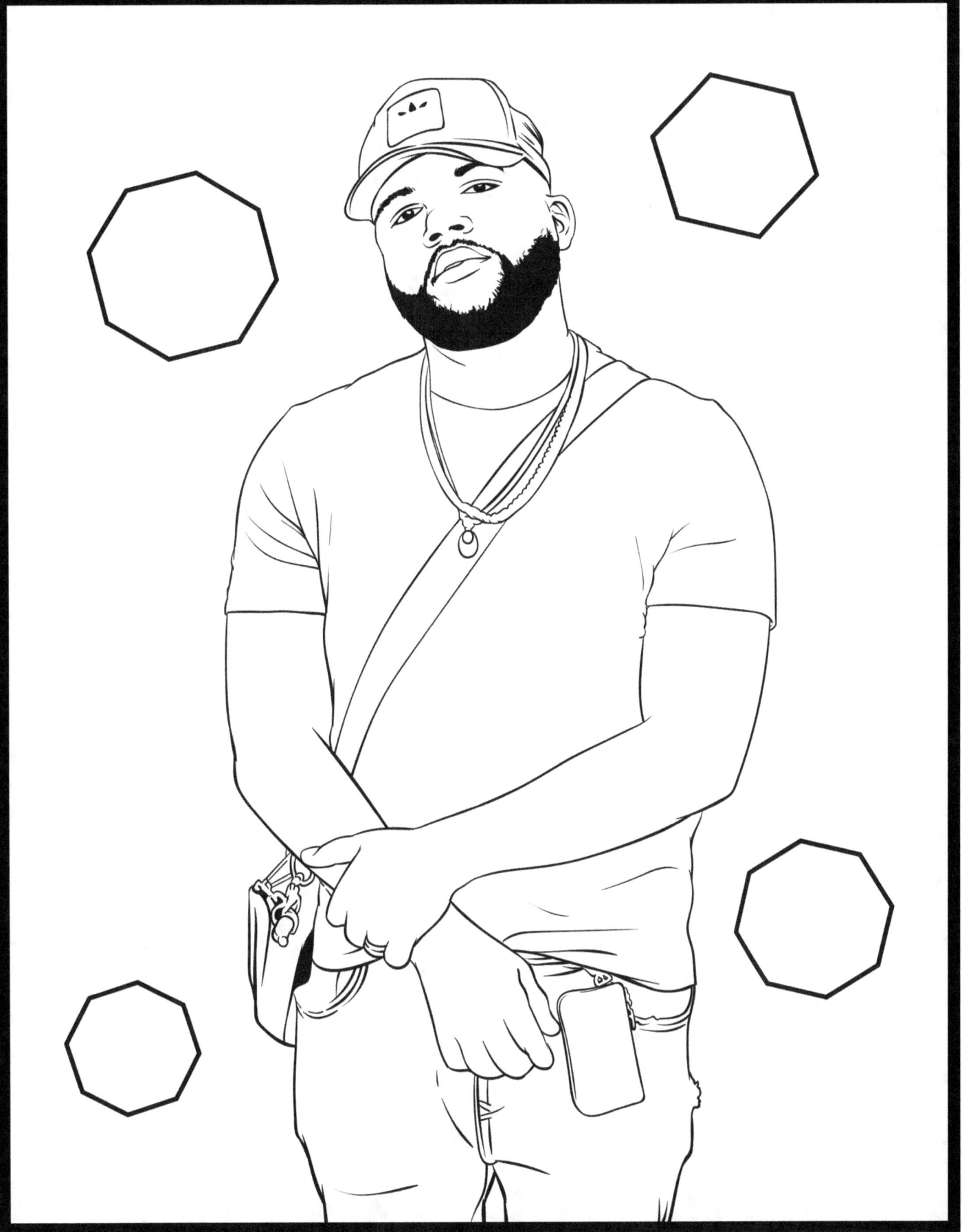

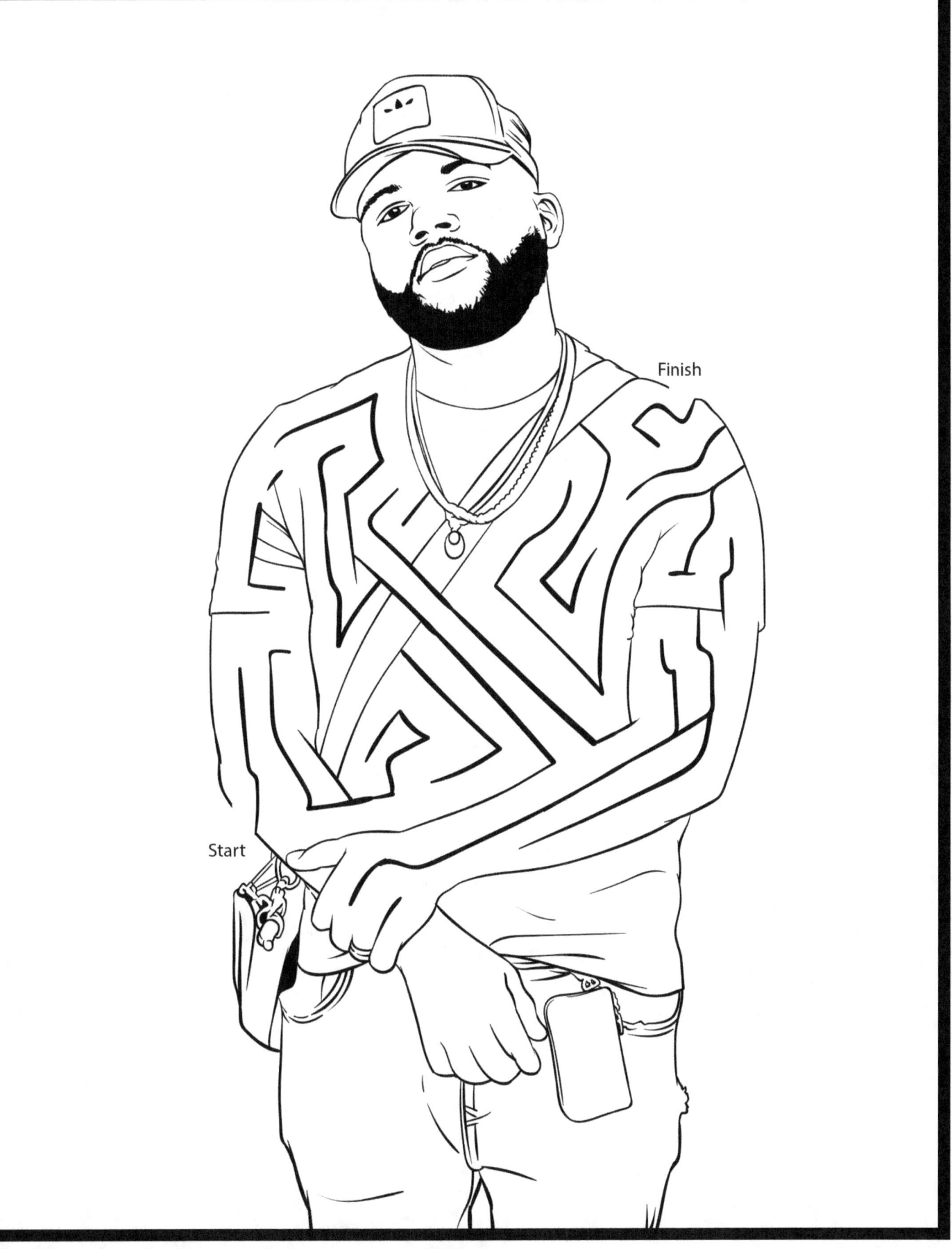

# Impossible Letters

G G G G G G G G G G G
G G G G G G G G G G G
G C G G G G G G G G G
G G G G G G G G G G G
G G G G G G G G G G G
G G G G G G G G G G G
G G G G G G G G G G G
G G G G G G G G G G G

Find the letter or number that is odd.

## Clothes

```
U  C  F  W  P  A  N  T  I  E  S  B
B  H  J  E  A  N  S  L  I  G  E  V
L  T  I  E  S  C  A  R  F  E  J  S
O  S  K  I  R  T  R  X  S  Z  V  H
U  P  A  N  T  S  B  C  K  L  L  I
S  B  Q  D  Y  B  R  I  E  F  S  R
E  S  U  I  T  H  A  J  B  J  W  T
H  C  S  H  O  E  S  H  A  T  C  B
```

Find the following words in the puzzle.
Words are hidden → and ↓ .

| | | |
|---|---|---|
| BLOUSE | PANTIES | SKIRT |
| BRA | PANTS | SUIT |
| BRIEFS | SCARF | TIE |
| HAT | SHIRT | |
| JEANS | SHOES | |

# Clothes

```
.   .   .   .   P   A   N   T   I   E   S   .
B   .   J   E   A   N   S   .   .   .   .   .
L   T   I   E   S   C   A   R   F   .   .   S
O   S   K   I   R   T   .   .   .   .   .   H
U   P   A   N   T   S   B   .   .   .   .   I
S   .   .   .   .   B   R   I   E   F   S   R
E   S   U   I   T   .   A   .   .   .   .   T
.   .   S   H   O   E   S   H   A   T   .   .
```